SCIENCE SURPRISE

Gaby Waters

Maquette et illustrations: Graham Round

Traduction: Katherine Folliot

Table des matières

Conseillère scientifique: Julie Fitzpatrick

Scholastic-TAB Publications Ltd.,
123 Newkirk Road, Richmond Hill, Ontario, Canada

Introduction

Tu trouveras dans ce livre beaucoup d'expériences scientifiques très amusantes.

Certaines font du bruit, quelques-unes d'entre elles font beaucoup de saleté et d'autres, par contre, sont délicieuses au goût, mais toutes, sans exception, te réserveront des surprises.

La bande des monstres

Ces gentils monstres ont fait toutes les expériences pour s'assurer qu'elles marchent bien. Ils te serviront de guide.

Voici ici ceux qui figurent le plus souvent dans ce livre.

Micky Mac Monstre, le chef de la bande.

Miss Mastic (qui préfère les expériences bien salissantes).

Oreilles Feutrées (qui est plus futé qu'il n'en a l'air, alors fais attention).

1

Tu trouveras des explications plus détaillées page 30.

Au fur et à mesure de chaque expérience, des explications te seront données, et tu découvriras ainsi les principes scientifiques à l'oeuvre dans la vie courante.

2

Les expériences sont sans danger et ne requièrent qu'un équipement très simple que tu trouveras en grande partie chez toi.

3

Rouleaux de carton

Récipients en plastique

Bouteilles vides

Pots de confiture

Commence dès maintenant à rassembler ton matériel expérimental. Voici sur cette image quelques-uns des objets qui te seront utiles.

Gontrand Goinfre ou Goinfre tout court.

Glauque et sa Tante Glapy qui vient d'Australie . . .

Normenez   Gouttonez   Gros-Cerveau

et beaucoup d'autres.

Les jumeaux Affreux, Jojo et Coco

Dessins de givre

Étonne tes amis en décorant les fenêtres de ta chambre avec des dessins de givre. On dirait vraiment du givre, et pourtant on peut les faire même en plein été.

Sur le dessin de droite, Goinfre tient dans ses pattes la liste des ingrédients nécessaires, et tu trouveras ci-dessous la méthode de fabrication.

MATÉRIEL

UN GRAND BOL

UNE ÉPONGE

UNE TASSE

UNE CUILLER

DES CRISTAUX DE SOUDE*

DE L'EAU CHAUDE DU ROBINET

Comment fabriquer du givre

1 Quand les cristaux disparaissent, ils se mélangent au liquide. On dit qu'ils se dissolvent.

Mets une tasse de cristaux de soude et une tasse d'eau chaude dans un bol et agite jusqu'à ce qu'ils aient disparu.

2 Tu peux passer l'éponge dans tous les sens, mais ne repasse pas deux fois au même endroit.

Trempe l'éponge dans le liquide puis passe-la sur la vitre. Laisse sécher vingt minutes environ, et observe le résultat.

3 Fais attention. Les colorants tachent les vêtements.

Pour donner au givre un aspect encore plus glacé, ajoute au liquide deux cuillerées de colorant bleu alimentaire. Essaie aussi d'autres colorants pour voir l'effet produit.

4   *On trouve des cristaux de soude à la quincaillerie, à l'épicerie ou au supermarché. Ne touche pas les cristaux de soude avec tes doigts.

Pourquoi les dessins apparaissent-ils?

> Tu peux essuyer le givre avec un chiffon mouillé.

Quand l'eau s'évapore, elle disparaît dans l'air mais les cristaux restent déposés sur la vitre en une couche très mince qui colle à la vitre comme du givre.

A essayer

On peut aussi faire givrer les fenêtres avec des sels de bain ou de l'Epsomite.* Les dessins sont alors différents. Essaie pour voir.

Qu'est-ce qu'un cristal?

Un cristal est une forme solide de la matière qui possède un aspect régulier. Beaucoup de substances sont cristallisées, telles que celles-ci:

Sucre

Pierres précieuses telles que rubis et diamants

SEL

SABLE

> L'eau dissout certains cristaux pour donner des solutions.

Trouve parmi ces cristaux ceux qui se dissolvent dans l'eau chaude (tu pourras vérifier tes résultats page 32).

Une fois qu'ils seront dissous, fais-les re-cristalliser en les mettant dans un endroit chaud, pour que l'eau s'évapore.

Cristaux de sel marin

La mer contient du sel dissous: c'est donc une solution. Quand il fait très chaud et qu'on s'est baigné dans la mer, on a parfois des cristaux de sel sur la peau. L'eau a séché, le sel est resté.

*On trouve de l'Epsomite en pharmacie.

Mélanges explosifs

Dans ces deux pages, Micky et sa bande obtiennent des résultats explosifs en mélangeant des substances tout à fait ordinaires. Imite-les, en commençant par la bouteille explosive de Miss Mastic.

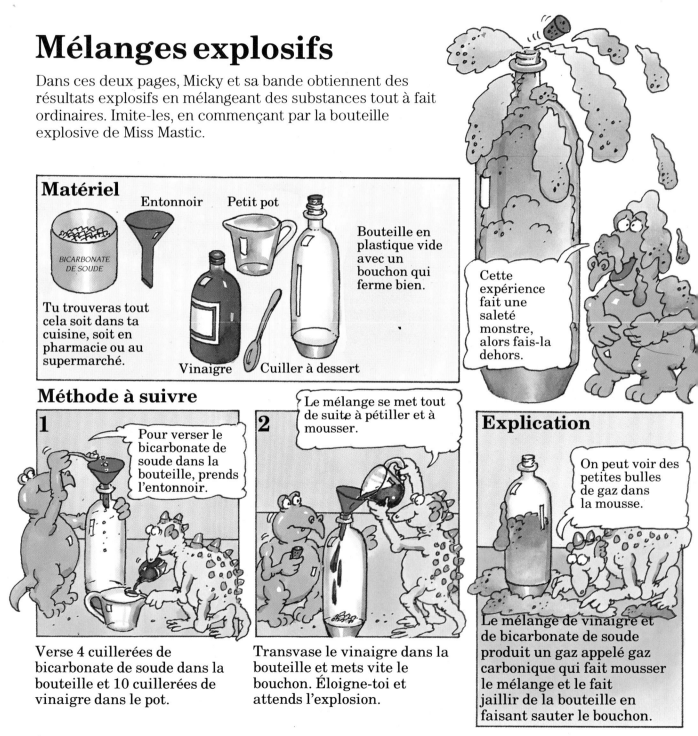

Matériel

Entonnoir Petit pot

BICARBONATE DE SOUDE

Bouteille en plastique vide avec un bouchon qui ferme bien.

Tu trouveras tout cela soit dans ta cuisine, soit en pharmacie ou au supermarché.

Vinaigre Cuiller à dessert

Cette expérience fait une saleté monstre, alors fais-la dehors.

Méthode à suivre

1

Pour verser le bicarbonate de soude dans la bouteille, prends l'entonnoir.

Verse 4 cuillerées de bicarbonate de soude dans la bouteille et 10 cuillerées de vinaigre dans le pot.

2

Le mélange se met tout de suite à pétiller et à mousser.

Transvase le vinaigre dans la bouteille et mets vite le bouchon. Éloigne-toi et attends l'explosion.

Explication

On peut voir des petites bulles de gaz dans la mousse.

Le mélange de vinaigre et de bicarbonate de soude produit un gaz appelé gaz carbonique qui fait mousser le mélange et le fait jaillir de la bouteille en faisant sauter le bouchon.

Autres façons de produire du gaz carbonique

ACIDES

1 CUILLERÉE DE JUS DE CITRON VERT

JUS D'UNE DEMI-ORANGE

JUS DE CITRON

JUS DE 2 RAISINS ÉCRASÉS

CARBONATES

4 MORCEAUX DE CARBONATE DE SOUDE

1 PETITE CUILLERÉE DE LEVURE

1 PETIT MORCEAU DE CRAIE, DE MARBRE, OU DE PIERRE DE TAILLE

1 COQUILLE D'OEUF ÉCRASÉE

On peut produire du gaz carbonique en mélangeant d'autres substances. Si on met dans un pot de confiture deux substances figurant sur chacune des deux listes ci-dessus, le mélange dégage du gaz carbonique et se met à mousser et à pétiller. Les substances de gauche contiennent des acides, celles de droite des carbonates. A chaque fois que l'on mélange un acide et un carbonate on obtient du gaz carbonique.

Comment faire un sorbet pétillant

1

RECETTE POUR SORBET PÉTILLANT
2 CUILLERÉES DE CRISTAUX D'ACIDE CITRIQUE*
1 CUILLERÉE DE BICARBONATE DE SOUDE
6 CUILLERÉES DE SUCRE GLACÉ

Cette poudre à sorbet est pétillante parce qu'elle contient un acide et un carbonate. Essaie de faire un sorbet pétillant avec la recette de Micky.

2

Les cristaux d'acide citrique se dissolvent dans la bouche de Glauque et se mélangent au bicarbonate de soude. Les bulles de gaz carbonique qui s'en dégagent piquent la langue de Glauque.

3

Les bulles des boissons gazeuses sont dues au gaz carbonique. Fabrique toi-même une boisson gazeuse en mettant 2 cuillerées de sorbet dans chaque verre.

*On trouve des cristaux d'acide citrique en pharmacie.

La force du vent

Les monstres font la course avec leurs voiliers à roulettes. Ces voiliers utilisent la force du vent comme moteur et ils vont très vite.

Regarde ici comment les monstres ont fabriqué leur voilier et, si tu peux, essaie d'améliorer leur prototype.

Fabrication du voilier à roulettes

1

Découpe le polystyrène à la taille que tu veux.

2

Mets un peu de pâte à modeler au bout pointu des aiguilles pour empêcher les bobines de tomber.

Pour que les roues tournent bien, mets un peu d'huile au bout des aiguilles.

3

Essaie diverses formes de voile pour voir celle qui marche le mieux.*

Découpe la coque dans un morceau de polystyrène du genre qu'on trouve dans les emballages ou à la quincaillerie. La coque du voilier de Glauque mesure 20cm sur 15cm.

Pour faire les roues, enfile des bobines de fil aux deux extrémités de deux aiguilles à tricoter. Fixe les aiguilles à la coque avec du papier collant.

Pour faire le mât, enfonce un petit bâton ou une aiguille à tricoter dans la coque et fixe-le à sa base avec de la pâte à modeler. Attache au mât une voile en papier ou en carton.

*Miss Mastic a choisi une voile carrée, mais si tu préfères tu peux en faire une triangulaire, comme celle des vrais voiliers.

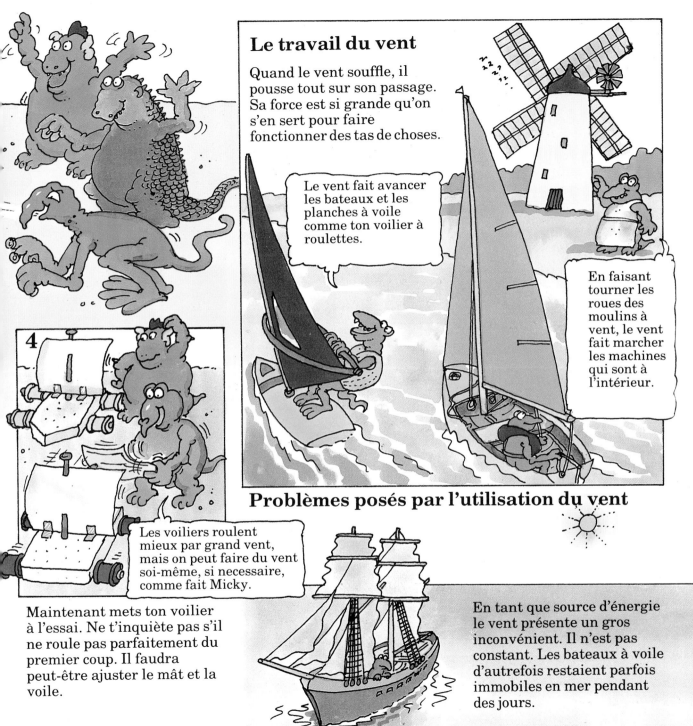

Le travail du vent

Quand le vent souffle, il pousse tout sur son passage. Sa force est si grande qu'on s'en sert pour faire fonctionner des tas de choses.

Le vent fait avancer les bateaux et les planches à voile comme ton voilier à roulettes.

En faisant tourner les roues des moulins à vent, le vent fait marcher les machines qui sont à l'intérieur.

Problèmes posés par l'utilisation du vent

4

Les voiliers roulent mieux par grand vent, mais on peut faire du vent soi-même, si necessaire, comme fait Micky.

Maintenant mets ton voilier à l'essai. Ne t'inquiète pas s'il ne roule pas parfaitement du premier coup. Il faudra peut-être ajuster le mât et la voile.

En tant que source d'énergie le vent présente un gros inconvénient. Il n'est pas constant. Les bateaux à voile d'autrefois restaient parfois immobiles en mer pendant des jours.

9

Mouvement de rotation

Que se passe-t-il quand Miss Mastic fait tourner un seau d'eau autour d'elle?

Pour le savoir, remplis à moitié un petit seau d'eau et fais le tourner en l'air le plus vite possible.

Fais cette expérience dehors et mets un imperméable pour ne pas te mouiller.

L'eau reste dans le seau.

Pourquoi l'eau reste-t-elle dans le seau?

Quand le seau tourne, l'eau est projetée vers l'extérieur de la trajectoire, mais le fond du seau l'empêche de sortir, alors elle reste collée au fond.

Regarde ce qui suit pour mieux comprendre la force de propulsion qui pousse l'eau à s'éloigner: c'est la force centrifuge.

L'effet de la force centrifuge

Micky pose des balles de ping-pong sur son tourne-disque. Le mouvement du plateau tournant fait partir les balles vers l'extérieur et comme elles ne rencontrent pas d'obstacle, elles vont loin.

A la fête foraine

On peut voir l'effet de la force centrifuge dans les fêtes foraines. Voici quelques exemples de son

Aux montagnes russes, c'est la force centrifuge qui empêche les voitures de tomber quand elles sont à l'envers.

utilisation. La prochaine fois que tu iras à la foire, essaie d'en découvrir d'autres.

La force centrifuge plaque les gens à la paroi de cette roue tournante avec une telle force que l'on n'a pas besoin de se tenir, même quand les pieds lâchent le sol.

Quand le manège tourne, les fusées sont projetées vers l'extérieur. Les chaînes empêchent qu'elles ne s'en aillent.

Essorage

On peut essorer les tissus mouillés en les soumettant à un mouvement de rotation. Quand des vêtements mouillés tournent très vite dans le tambour d'une essoreuse, l'eau qu'ils contiennent est expulsée par les trous du tambour.

Dans un panier à salade rotatif, l'eau de la salade mouillée s'échappe par les trous du panier interne, grâce à la rotation du panier.

Le panier à salade de Tante Glapy

Tante Glapy s'est fabriqué une essoreuse à salade avec une boîte à sorbet vide et une ficelle de 1,5 mètre de long. Mais on peut utiliser n'importe quel récipient en plastique.

1

Demande à quelqu'un de t'aider à percer les côtés et le fond de la boîte.

2

Fais des noeuds bien solides.

Fais une anse très longue en nouant les bouts de la ficelle aux bords de de la boîte.

3

Fais ceci dehors ou tu seras mal vu.

Mets de la salade mouillée dans l'essoreuse et fais tourner celle-ci.

La paille et le savon

Pour faire l'extraordinaire expérience de la paille et du savon, munis-toi des ustensiles rassemblés ici par les monstres.

Il te faudra une cuvette d'eau froide, 4 allumettes, un savon et une paille.*

1

Fais flotter les allumettes sur l'eau, en forme d'étoile comme ci-dessus.

2

Frotte le bout de la paille sur le savon.

Que se produit-il?

3

Trempe le bout de la paille enduit de savon dans l'eau, entre les allumettes, et regarde ce qui se produit.

La surface de l'eau est comme une peau. Le savon perce cette peau et la repousse vers les bords de la cuvette. Les allumettes suivent le mouvement de la "peau" et s'écartent.

Tu trouveras d'autres renseignements sur la surface de l'eau page suivante.

*NOTE: Assure-toi de la présence d'un adulte pour cette expérience.

La "peau de l'eau"

La surface de l'eau est recouverte d'une sorte de peau créée par ce qu'on appelle la tension superficielle.

On peut observer cette tension quand on remplit un verre à ras bords. Si on le fait doucement on peut remplir le verre plus haut que son bord sans qu'il déborde, car l'eau est retenue par la tension superficielle.

C'est la tension superficielle qui donne à l'eau qui goutte du robinet la forme de gouttes. Ces gouttes sont fermes et rondes grâce à leur peau.

Le jeu des gouttes

1

Dépose quelques gouttes d'eau sur une table comme Micky. Mets une paille dans l'eau et pose un doigt à l'autre bout, puis sors-la de l'eau et retire ton doigt. L'eau sortira en gouttelettes.

2

Si tu touches maintenant les gouttes avec la paille enduite de savon, elles s'aplatiront en flaques, car le savon, en diminuant la tension superficielle, fait craquer leur peau.

Principe du lavage

Le savon attire l'eau plus qu'elle ne s'attire elle-même; c'est pour cela qu'il diminue la tension superficielle. Comme il attire aussi la graisse, il s'attache à la graisse des assiettes sales et l'eau emporte le savon et la graisse en même temps.

Tests du goût

Sur ces images, Oreilles Feutrées fait passer à son ami Normenez un difficile test du goût. Tu peux toi aussi faire ce test avec un ami de confiance. Tu verras que les résultats sont très inattendus.

Pomme ou pomme de terre?

1

Oreilles Feutrées râpe une pomme et une pomme de terre crue sur 2 assiettes séparées.

2

Puis il demande à Normenez de se boucher le nez, de fermer les yeux et d'ouvrir la bouche.

3

Essaie toi-même. Tu verras que c'est très difficile de distinguer les goûts.

Il met soit de la pomme soit de la pomme de terre dans la bouche de Normenez et lui demande ce que c'est.

Le mécanisme du goût

La langue ne perçoit que certaines saveurs essentielles. C'est l'odorat qui définit le goût des aliments. Quand on a le nez bouché, la nourriture a beaucoup moins de goût.

Gand on a un rube on distingue bal le goût des alibents.

Si tu dois prendre un médicament qui a mauvais goût, pince-toi le nez en avalant. Le mauvais goût s'en ira.

Carte de la langue

La langue distingue quatre saveurs de base: le sucré, le salé, l'amer et l'aigre. Les différentes parties de la langue perçoivent des goûts différents.

Sur cette image on peut voir les différentes zones gustatives de la langue. Les zones se chevauchent un peu chez la plupart des gens.

AMER

SUCRÉ ET AIGRE

SUCRÉ ET SALÉ

SUCRÉ ET AIGRE

Langue à l'épreuve

C'est au bout de ma langue que c'est le plus sucré.

Mets les zones gustatives de ta langue à l'épreuve. Mets du sucre sur différentes zones. Où a-t-il le plus de goût?

On ne perçoit l'amer qu'en avalant parce que la zone de l'amer est tout au fond de la langue.

Recommence avec quelque chose d'amer (café noir), quelque chose de salé (levure ou eau salée) et quelque chose d'aigre (vinaigre).

Le rôle des yeux

Les yeux aussi ont un rôle à jouer dans la perception du goût. Si tu fais les expériences suivantes, tu verras qu'il est très difficile de goûter un aliment quand on ne le voit pas.

Verse du jus de pamplemousse et du jus d'orange dans deux verres différents. Puis bande-toi les yeux et bois une gorgée de chaque Peux-tu les distinguer?

Le test des fruits

1

2

?

Coupe des petits morceaux de fruits différents comme sur cette image.

Bande les yeux d'un ami et fais-lui manger chaque morceau, l'un après l'autre. Peut-il les distinguer?

15

Les surprises de l'électricité statique

Micky et sa bande ont fait des découvertes étonnantes qui vont certainement impressionner leurs rivaux, les Rugueux Reptiles. Fais les mêmes expériences et tu verras se produire des choses presque magiques.

Le bac de piranhas

Découpe dans du papier 20 ou 30 poissons de 3cm de long. Mets-les dans un bac en matière plastique à couvercle transparent.*

Frotte une règle en matière plastique avec un lainage pendant 10 secondes environ.

Fais glisser la règle le long du couvercle: les piranhas se mettront à sauter en l'air jusqu'au couvercle.

Étranges phénomènes

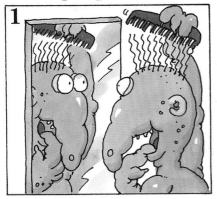

1

Peigne-toi très vite, puis tiens ton peigne au-dessus de ta tête et regarde-toi dans la glace.

2

Frotte une cuiller en matière plastique avec un lainage, puis approche-la d'un filet d'eau: l'eau se déplacera vers la cuiller.

3

Découpe un monstre dans du papier de soie. Frotte une règle en matière plastique sur ta manche et tiens-la au-dessus du monstre.

> Le monstre s'élève vers la règle comme s'il voulait s'asseoir.

16   *Micky a mangé un petit pot de mousse au moisi et s'est servi du pot, mais tu peux te servir d'un pot de margarine vide.

A quoi sont dûs ces phénomènes?

Tous ces phénomènes sont dûs à l'effet de l'électricité statique (à ne pas confondre avec l'électricité qu'on utilise pour tous les usages domestiques). Pour produire de l'électricité statique, il suffit de frotter deux objets l'un contre l'autre, comme sur cette image.

Les bouts de papier non chargés sont attirés par le ballon et y restent collés.

La matière plastique et le nylon gardent mieux les charges d'électricité statique que toute autre matière.

Décharges et picotements

Quand on frotte un objet, il se charge d'électricité statique. Tout objet "chargé" d'électricité statique attire à lui certaines choses non chargées, comme les bouts de papier sur cette image.

Décharges et picotements

Miss Mastic fait des claquettes sur un tapis avec des souliers à semelles en matière plastique, puis elle touche un radiateur métallique. Si tu en fais autant tu ressentiras une décharge dans tout ton corps, due à l'électricité statique.

Crépitements et étincelles

Quand on se déshabille on entend parfois des crépitements et, s'il fait noir, on peut même voir des étincelles. Cela est dû à l'électricité statique produite par le frottement des vêtements.

Les éclairs sont des étincelles géantes dues à l'électricité statique.

17

Le ballon-abeille

Le ballon-abeille virevolte dans tous les sens et vrombit très fort. Goinfre et Micky te montrent ici comment le construire.

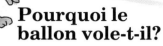

Montage du ballon-abeille

1

> Les ballons saucisses sont parfaits pour cet usage.

Pour faire le corps de l'abeille nos monstres se servent d'un ballon jaune que Micky décore de rayures noires et de deux points noirs en guise d'yeux. Avec du papier de soie Goinfre fabrique des ailes assez grandes pour être à la taille du ballon une fois gonflé.

2

> Fixe les ailes avec des petits bouts de papier collant.

Ils gonflent le ballon et Goinfre tient le bout bien serré pendant que Micky fixe les ailes.

3

> Si tu regonfles le ballon tu peux le faire voler autant de fois que tu veux.

Quand on lâche le ballon il se met à vrombir et à tournoyer dans tous les sens jusqu'à ce que tout l'air s'en soit échappé.

Pourquoi le ballon vole-t-il?

En physique on emploie les termes "action et réaction" pour décrire le vol du ballon, ce qui signifie qu'un mouvement dans une direction peut provoquer un mouvement dans la direction opposée.

> Le bruit est causé par l'air qui sort du ballon à grande vitesse.

Quand on lâche le ballon l'air s'en échappe par l'arrière. Le mouvement de l'air propulse le ballon vers l'avant.

Savais-tu que . . .?

Les fusées et les avions à réaction sont basés sur le même principe. Les gaz qui en sortent à l'arrière les propulsent en avant.

Le lance-balles de Gros-Cerveau

Gros-Cerveau a utilisé la force "d'action et réaction" dans sa dernière invention, le lance-balles. Si tu veux en faire un semblable, tu auras besoin de l'aide d'un adulte.

Tu trouveras ces derniers au centre de tout rouleau d'essuie-tout.

MATÉRIEL
1 PLANCHE DE 20CM DE LONG
3 CLOUS
1 GROS ÉLASTIQUE
DE LA FICELLE
1 BALLE EN CAOUTCHOUC
DES ALLUMETTES
2 TUBES EN CARTON

1

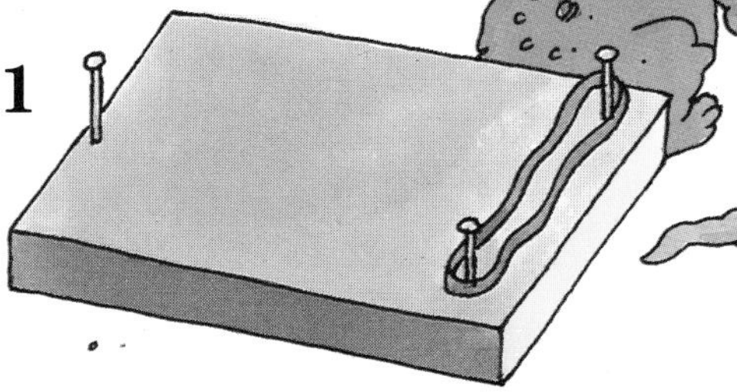

D'abord demande à quelqu'un de planter les clous dans la planche, comme ci-dessus. Puis attache l'élastique à la ficelle.

2

Tire jusqu'à ce que l'élastique arrive presque au troisième clou. Quand il est bien tendu, attache la ficelle au clou.

3

Pose la planche sur les tubes et la balle à l'intérieur de l'élastique; puis demande à un adulte de brûler la ficelle avec une allumette. Éloigne-toi.

4

La ficelle casse et relâche l'élastique. La balle est projetée à travers la pièce, ce qui produit une réaction en sens contraire qui fait rouler la planche vers l'arrière.

Les curiosités de l'air

Sais-tu que l'air est capable d'écraser une bouteille?

Si tu ne le crois pas, fais l'expérience qu'a faite Micky et tu verras.

Expérience de la bouteille

1 Remplis la bouteille à peu près à ce niveau.

Fais couler de l'eau très chaude du robinet dans une bouteille en plastique vide.

2 Laisse la vapeur s'échapper, puis revisse vite le bouchon et observe la suite.

Cause de l'écrasement

L'air fait sans cesse pression sur nous. C'est cette pression, dite atmosphérique, qui écrase la bouteille.

L'air extérieur fait pression sur la bouteille et l'écrase parce qu'il n'y a plus d'air à l'intérieur pour s'y opposer.

Presque tout l'air est chassé par la vapeur d'eau.

La boisson impossible à boire

Oreilles Feutrées réserve une drôle de surprise à ses amis.

Bouche bien le goulot avec la pâte à modeler pour que l'air ne pénètre pas.

Il remplit une bouteille de limonade jusqu'au goulot, y plonge une paille puis bouche hermétiquement le goulot avec de la pâte à modeler.

La boisson-attrape

1

LIMON-ADE

Perce un petit trou dans une boîte de jus de fruit comme l'a fait Gouttonez.

Si tu enlèves la pâte à modeler l'air entrera et tu pourras boire.

Problèmes d'oreilles

Plus on monte haut, plus la pression de l'air devient faible.

PAN   PAN

Il offre la boisson alléchante à ses amis mais, malgré leurs efforts, ils ne peuvent rien aspirer, sinon une toute petite goutte. La pâte à modeler empêche l'air de rentrer dans la bouteille; or on ne peut aspirer que si l'air appuie sur le liquide et le force à monter dans la paille.

Quand on s'élève rapidement, on a parfois les oreilles qui se débloquent brutalement. Cela est dû au fait que la pression d'un côté du tympan diffère brusquement de celle de l'autre côté.

2

L'air appuie sur le liquide et l'empêche de sortir.

Retourne la boîte et essaie d'en faire sortir le liquide.

3

L'air entre par le second trou et fait sortir le liquide par le premier trou.

Maintenant perce un autre trou et verse le jus de fruit dans un verre.

Le bâillement atténue ce problème car il fait rentrer de l'air à l'intérieur de l'oreille et y rend la pression égale à celle de l'air ambiant.

Liquides extraordinaires

Concocte ce cocktail étonnant avec les mêmes ingrédients et la même recette que Miss Mastic.

INGRÉDIENTS
BOISSON GAZEUSES
SIROP DE FRUIT (CASSIS PAR EXEMPLE)
3 GRANDES CUILLERÉES DE CRÈME, TEINTÉE AVEC DES COLORANTS ALIMENTAIRES

La recette de Miss Mastic

Surtout ne mélange pas.

Verse la boisson gazeuse dans un verre (Miss Mastic a une préférence pour le jus de melon) et ajoute du sirop jusqu'à ce que celui-ci recouvre le fond du verre. Puis verse la crème colorée par dessus, très doucement, avec une cuiller.

Superposition des liquides

Le mot densité est employé en science pour la comparaison des poids.

Les liquides restent séparés parce qu'ils ont des poids ou "densités" différents. Le sirop coule au fond parce qu'il est plus lourd, plus dense, que la boisson gazeuse. La crème reste à la surface parce qu'elle est plus légère.

Test de densité

HUILE

SIROP DE FRUIT

SIROP D'ÉRABLE

LAIT

MÉLASSE

JUS D'ORANGE

Découvre parmi ces différents liquides ceux qui sont plus denses que l'eau et ceux qui sont moins denses. Pour cela mets une goutte de chaque dans de l'eau et observe si elle coule ou si elle flotte (résultats page 32).

La fontaine en bouteille

Avec l'aide des jumeaux Affreux, tu peux maintenant essayer de créer une fontaine colorée dans une bouteille.

1

Les jumeaux prennent deux bouteilles identiques. Jojo remplit la sienne avec de l'eau du robinet qu'il a teintée avec un colorant. Coco et son ami remplissent l'autre avec de l'eau salée. (Pour faire de l'eau salée, mets 3 grandes cuillerées de sel dans de l'eau chaude, mélange et laisse refroidir).

2

Jojo met un carton sur le col de la bouteille d'eau salée et l'y maintient fermement pendant qu'il retourne la bouteille et

3

la pose en équilibre sur le col de l'autre. Coco tient bien les deux bouteilles et Jojo retire très doucement le carton.

L'eau colorée monte parce qu'elle est moins dense que l'eau salée.

L'eau claire descend car, étant salée, elle est plus dense que l'autre et coule vers le fond.

Savais tu que . . . ?

Plus un liquide est dense, plus les corps y flottent facilement. C'est pour cela qu'il est plus facile de nager en mer qu'en eau douce. L'eau salée étant plus dense que l'eau ordinaire, on y flotte plus facilement.

La Mer Morte, en Moyen-Orient, est excessivement salée, aussi on y flotte avec grande facilité.

Couleurs folles

Si cela te tente, tu peux faire des dégradés de couleurs comme ceux-ci avec de simples crayons-feutres, une soucoupe remplie d'eau et du papier buvard. Le buvard s'achète dans les papeteries.

Comment faire dégrader les couleurs

1

Écris ton nom sur le buvard avec un feutre de couleur différente pour chaque lettre.

2

Pose le buvard sur la soucoupe remplie d'eau pendant quelques minutes et tu verras les couleurs se séparer.

Pourquoi les couleurs se séparent-elles?

Les couleurs foncées contiennent le plus de produits chimiques.

Chaque couleur forme un dessin différent.

Les encres contenues dans tes feutres sont des mélanges de produits chimiques de différentes couleurs. L'eau absorbée par le buvard dissout ces produits chimiques.

Mais ceux-ci se dégradent à des vitesses variables de sorte que les couleurs se déplacent à des vitesses différentes et forment des dessins différents. Ce procédé de séparation des couleurs s'appelle chromatographie.

Les surprises de l'encre noire

De nombreux produits chimiques entrent dans la composition de l'encre noire. Ces produits varient selon les marques. Pour en juger, fais des tests de chromatographie avec des feutres de marques différentes comme le fait ici Micky.

1 Écris au crayon sur chaque bande le type de stylo utilisé.

Découpe un buvard en bandes et dessine un point noir à 3cm du bas de chacune avec différents feutres noirs et un stylo à encre noire.

2 Les couleurs différentes de chaque point noir se séparent différemment.

Mets les bandes de buvard dans un pot de confiture contenant environ 2cm d'eau. En quelques minutes l'eau séparera les différents produits chimiques de chaque encre noire.

3

Ferme bien les yeux pour ne pas voir le feutre utilisé.

Les monstres se servent de bandes chromatographiques pour jouer les détectives. Glauque écrit un message secret sur un buvard avec un feutre noir et Goinfre ferme les yeux.

4

Je sais quel feutre Glauque a utilisé grâce à la séparation des couleurs.

Goinfre trempe le buvard dans l'eau pour faire séparer les couleurs, puis il compare les résultats obtenus avec les dessins des buvards-test pour voir quel feutre Glauque a utilisé.

A essayer

On peut faire des tests de chromatographie sur beaucoup de choses contenant des encres ou des colorants. Les résultats sont variables. Essaie pour voir.

Fais les tests de chromatographie avec des bandes de buvard.

Peintures à l'eau (aquarelles ou gouaches)

Encres

Colorants

Teste les colorants contenus dans ces bonbons. Lèche-les bien, puis frotte-les sur le buvard.

25

Drôles de bruits

Les monstres s'amusent à faire des expériences sur les sons. Observe ce qu'ils font et imite-les. Tu entendras des drôles de bruits.

Les Cloches-Cuillers

1

Prends une ficelle d'environ un mètre de long et attache-la à une petite cuiller en métal, comme le fait ici Oreilles Feutrées.

2 **3**

Mets les bouts de la ficelle dans tes oreilles et demande à un ami de frapper la cuiller avec une autre cuiller métallique.

Les cuillers rendent un son de cloche très prononcé. Compare ce bruit avec celui que l'on entend quand on tient la ficelle loin des oreilles.

La "ficelle parlante"

Les jumeaux Affreux communiquent entre eux du haut de la maison jusqu'au jardin grâce à leur "ficelle parlante". Tu peux en faire autant en fixant des gobelets en plastique aux deux bouts d'une longue ficelle et en tendant celle-ci au maximum en t'assurant qu'elle ne touche rien. Tu peux parler tout bas dans le gobelet ou le mettre à ton oreille pour écouter.

Mise en place des gobelets

Fais un petit trou au fond de chaque gobelet. Passe le bout de la ficelle par le trou et fais un noeud.

La ficelle peut être aussi longue que tu veux et peut mesurer jusqu'à 20 mètres.

Explication

Les cuillers font un bruit de cloches et la voix se propage loin le long de la "ficelle parlante" parce que la ficelle est une substance solide, et le son se propage mieux et plus vite dans les substances solides que dans l'air.

Jeux d'écoute

1

> Surtout ne mets pas le crayon dans ton oreille. Tiens-le juste en surface.

Mets un crayon contre ton oreille et gratte le bout du crayon. Le bruit qui parvient à ton oreille est bien plus fort que si tu tenais le crayon ailleurs.

2

Quand tu iras nager, essaie de faire du bruit et de parler à tes amis sous l'eau. Tu verras combien les sons et les voix changent dans l'eau.

3

SSSSSSS

Juste avant qu'un train n'arrive, on entend siffler les rails, Cela vient du fait que le bruit du train se propage plus rapidement le long des rails (substance solide) que dans l'air.*

Savais tu que...?

Les Peaux-Rouges collaient l'oreille au sol pour détecter la présence de chevaux à de longues distances. Ils entendaient le bruit des sabots dans le sol longtemps avant que ce bruit ne soit transmis par l'air.

*Surtout ne t'approche pas des rails pour vérifier!

La boîte qui revient

Micky montre à ses amis comment ses boîtes magiques reviennent d'elles-mêmes vers lui quand il les fait rouler sur le sol. Avec l'aide de quelqu'un, essaie d'en fabriquer une, toi aussi.

MATÉRIEL:

1 BOÎTE CYLINDRIQUE (DE 15CM DE LONG SUR 8CM DE DIAMÈTRE) AVEC UN COUVERCLE
UN GROS ÉLASTIQUE COUPÉ AU MILIEU (15CM DE LONG)
1 MORCEAU DE FILM PLASTIQUE
UNE FICELLE

1

Fais un trou dans le fond et dans le couvercle de la boîte. Passe un élastique à travers le trou du fond et fais un noeud au bout.

2

Entoure un caillou de film plastique et attache le tout avec une ficelle de 15cm environ, comme ci-dessus.

3

Tire bien l'élastique et attache la pierre au milieu, à mi-distance des deux extrémités de la boîte. Tu auras peut-être besoin d'aide.

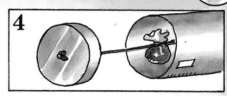

4

Passe l'autre bout de l'élastique à travers le trou du couvercle et fais un noeud.

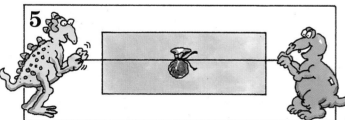

5

L'élastique doit être tendu le plus possible et le caillou exactement au milieu. Pour ajuster la tension et la distance, tire sur l'élastique et refais les noeuds si nécessaire.

6

Fais un essai sur une surface parfaitement plane. Si la boîte ne revient pas sur elle-même, tends davantage l'élastique ou bien prends un caillou plus lourd.

Tu peux faire la course avec tes amis.

Cylindres endiablés

Micky et Miss Mastic ont découvert deux autres façons de donner un comportement bizarre à leurs boîtes cylindriques. Pour les imiter, il te faudra une boîte comme la leur, avec un couvercle.

1. La boîte de Micky

Fixe un petit morceau de pâte à modeler sur la paroi interne de la boîte; mets le couvercle et fais rouler.

2. La boîte de Miss Mastic

Remplis la boîte de sable ou de gravier un peu moins qu'à moitié. Assure-toi que le couvercle est bien serré et essaie de faire rouler.

Résultat

Micky

Le cylindre de Micky se dandine et roule irrégulièrement parce que la pâte à modeler alourdit un des côtés plus que l'autre.

Miss Mastic

Le cylindre de Miss Mastic bouge à peine. Le gravier (ou le sable) pèse si lourd sur la partie inférieure du cylindre qu'il l'empêche de rouler.

Fonctionnement

Quand la boîte roule sur le sol l'élastique s'enroule sur lui-même à cause du caillou qui lui est attaché. Quand la boîte cesse de rouler l'élastique se déroule et la boîte se met à rouler dans l'autre sens.

Explications supplémentaires

Les explications données dans ce livre sont simplifiées au maximum. Les notes qui suivent sont destinées à ceux qui désirent fournir des explications plus détaillées aux enfants plus âgés.

Pages 6-7

Ces expériences produisent une réaction chimique. Les acides réagissent sur les carbonates en produisant du gaz carbonique (CO_2). Ils peuvent aussi donner d'autres substances.

Pages 10-11

Les forces centripètes et centrifuges peuvent être utilisées pour expliquer le mouvement sur un cercle. Voici des explications plus détaillées:

Lorsqu'un objet, tel que le seau, possède un mouvement circulaire, une seule force est responsable de son mouvement, celle qu'exerce le bras. Si cette force disparaît, le seau obéit alors au Principe de Galilée qui dit qu'un objet a un mouvement régulier, en ligne droite, quand aucune force ne s'exerce sur lui.

On peut observer l'application de ce principe si on lâche le seau après l'avoir fait tourner: il s'éloigne, mais en regardant bien on s'aperçoit qu'il part en ligne droite suivant la tangente au cercle. Ceci peut aussi être expliqué en disant qu'une force l'éloigne: la force centrifuge, alors que le bras qui retenait le seau précédemment exerçait une autre force: la force centripète.

L'essorage avec le panier à salade de Tante Glapy s'explique clairement à l'aide de ces deux forces. La ficelle exerce sur le panier une force centripète qui le retient tandis que les gouttes d'eau, elles, ne sont pas retenues et partent tangentiellement au cercle que décrit le panier.

Pages 12-13

La tension superficielle provient de l'attraction mutuelle des molécules d'eau les unes envers les autres. Les molécules situées à la surface de l'eau n'ayant pas de voisines au-dessus d'elles attirent celles qui se trouvent en dessous avec une force accrue. Cela produit une couche de molécules épaisse qui agit comme une peau.

Le savon réduit la tension superficielle de l'eau parce que ses molécules sont ambivalentes et diminuent l'attraction réciproque des molécules d'eau: une partie des molécules de savon est attirée par les molécules d'eau mais l'autre extrémité les repousse.

Dans la première expérience, le savon collé à la paille rompt l'attraction mutuelle des molécules d'eau situées au centre du bol et repousse celles-ci vers la périphérie où les molécules d'eau toujours actives les attirent. C'est ce processus de répulsion et d'attraction qui fait bouger les allumettes. Quand une goutte d'eau est atteinte par du savon, le même processus joue et les molécules de surface cessant de s'attirer, la goutte s'étale.

L'eau savonneuse lave à cause des propriétés spéciales des molécules de savon: leur queue colle à la saleté et à la graisse, mais leur tête, attirée par l'eau, se dirige vers l'eau et, en tirant sa queue à elle, emporte du même coup la saleté.

Pages 16-17

Toute matière est faite de particules minuscules appelées atomes. Ces atomes contiennent des particules encore plus petites qui portent des charges électriques et se groupent en deux catégories: les protons qui ont une charge positive et les électrons qui ont une charge négative. La plupart du temps les atomes sont "neutres" électriquement parce qu'ils contiennent un nombre égal de protons et d'électrons.

Quand on frotte deux objets l'un contre l'autre les électrons passent parfois de l'un à l'autre. On dit alors que les objets sont chargés d'électricité statique. Dans ces objets, la matière contient un nombre inégal de protons et d'électrons. S'il y a plus de protons, l'objet est chargé positivement, s'il y a plus d'électrons, il est chargé négativement.

Toute charge électrique attire une charge de type opposé et repousse une charge de même type. Dans nos expériences les objets chargés attirent les objets non-chargés de la façon suivante:

Le ballon après avoir été frotté est chargé négativement. La charge négative du ballon repousse la charge négative contenue dans chaque bout de papier vers son extrémité. La charge positive du papier se concentre alors dans l'autre partie et le fait adhérer au ballon.

Ces expériences ne prétendent pas expliquer la nature des charges négatives et positives ni la répulsion des charges de même type.

Pages 18-19

Les termes d'action et de réaction sont employés pour décrire de façon simplifiée la troisième loi du mouvement de Newton selon laquelle toute force agissante est contre-balancée par une force contraire égale. La première est l'action, l'autre la réaction.

Pages 20-21

Scientifiquement, on mesure la pression atmosphérique en millimètres de mercure. Au niveau de la mer cette pression est de 760mm de mercure. A 8km au dessus du niveau de la mer (aux trois-quarts de l'Everest) elle est de 270mm.

Pages 26-27

La vitesse du son dans l'air sec, à une température et une pression normales, est de 331.4 mètres par seconde. Dans l'eau de mer le son se propage à 1540 mètres par seconde.

Résultats

Page 5: Cristaux

Le sel et le sucre se dissolvent dans l'eau chaude. Le sable et les pierres précieuses ne se dissolvent pas.

(Si tu as fait l'expérience avec des pierres précieuses, Glauque aimerait bien savoir où tu les as trouvées).

Page 22: Test de la densité

Ce tableau contient les résultats du test de densité (tous les liquides, y compris l'eau, étant à la même température).

Le sirop de fruit La mélasse Le sirop d'érable	tombent au fond. Ils sont plus denses que l'eau.
L'huile de cuisine	flotte. Elle est moins dense que l'eau.
Le lait Le jus d'orange	se mélangent à l'eau. Ils ont à peu près la même densité que l'eau.*

*S'ils sont à une température moins élevée que celle de l'eau, le lait et le jus d'orange ont tendance à tomber au fond avant de se mélanger à l'eau. Dans le cas contraire ils ont tendance à flotter.

Index

Copyright © Usborne Publishing Ltd., 1985. Tous droits réservés. ISBN 0 590 73696 5
Titre original: Science Surprises

Édition publiée par Scholastic-TAB Publications Ltd., 123 Newkirk Road, Richmond Hill, Ontario, Canada L4C 3G5, avec la permission de Usborne Publishing Ltd. Imprimé en Belgique